This Journal belongs to

Date ....

Date ....

Date ....

Date ……………………

Date ....

Date ....

Date ....

Date ....

Date ....

love

Date ....

Date ....

Date ....

Date ....

love

Date ....

Date ……………………

Date ....

Date ....

Date ....

Date ....

Date ……………………

Date ....

Date ....

Date ....

Date ....

Date ....

love

Date ....

Date ....

Date ....

Date ....

Date ....

Date ....

love

Date ....

Date ....

Date ……………………

Date ....

Date ....

Date ....

Date ....

Date ....

Date ....

Date ....

Date ....

Date ....

love

Date ....

Date ....

Date ....

Date ....

Date ....

Date ....

Date ....

love

Date ....

Date ....

Date ....

Date ....

love

Date ....

Date ....

Date ....

Date ....

Date ....

Date ....

Date ....

love

Date ....

Date ....

Date ....

Date ....

love

Date ....

Date ....

Date ....

Date ....

Date ....

Date ....

Date ....

love

Date ....

Date ....

Date ....

Date ....

Date ....

Date ....

Date

Date ....

Date ....

Date ....

love

Date ....

Date ....

Date ....

Date ....

Date ....

Date ....

Date ....

Date ....

Date ....

Date ....

love

Date ....

Date ....

Date ....

Date ....

Date ....

Date ....

Date ....

Date ....

Date ....

Date ....

Date ....

Date ....

www.ingramcontent.com/pod-product-compliance
Lightning Source LLC
Chambersburg PA
CBHW071407290426
44108CB00014B/1719